AF338496

LA DERNIÈRE MALADIE

DE

GABRIEL-HONORÉ RIQUETTI

Cte DE MIRABEAU

(1789-1791)

D'après le Journal de **CABANIS**, son médecin

(*Paris 1791*)

PAR

HENRY DUCHENNE

MÉDECIN

SURESNES (près Paris)

Chez l'Auteur, 44, rue Merlin-de-Thionville

ET

TOURS

DESLIS FRÈRES, IMPRIMEURS-ÉDITEURS

6, RUE GAMBETTA, 6

LA DERNIÈRE MALADIE

DE

Gabriel-Honoré RIQUETTI

Cᵗᵉ DE MIRABEAU

TOURS, IMPRIMERIE DESLIS FRÈRES

LA DERNIÈRE MALADIE

DE

GABRIEL-HONORÉ RIQUETTI

Cte DE MIRABEAU

(1789-1791)

D'après le Journal de **CABANIS**, son médecin

(Paris 1791)

PAR

HENRY DUCHENNE

MÉDECIN

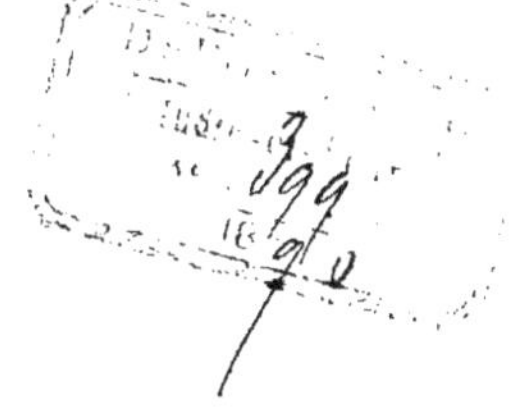

SURESNES (près Paris)

Chez l'Auteur, 44, rue Merlin-de-Thionville

ET

TOURS

DESLIS FRÈRES, IMPRIMEURS-ÉDITEURS

6, RUE GAMBETTA, 6

A M. l'abbé DUCHESNE

MEMBRE DE L'INSTITUT DE FRANCE

(Académie des Inscriptions)

MAITRE DE CONFÉRENCES A LA FACULTÉ DES LETTRES

EN SORBONNE

Hommage de son très indigne neveu,

H. D.

LA DERNIÈRE MALADIE

DE

GABRIEL-HONORÉ RIQUETTI

C^{TE} DE MIRABEAU

(1789-1791)

D'après le Journal de CABANIS, son médecin
(Paris, 1791)

Le samedi 2 avril 1791, Mirabeau succombait aux *crises* dernières d'une affection dont l'Histoire s'est montrée jalouse d'emprunter à la Clinique le redoutable secret.

Le dévouement de Cabanis, médecin du grand orateur, ne laissa point de paraître suspect à des esprits irrités par l'impuissance de l'art vis-à-vis d'une maladie qui « prenait les proportions d'une calamité publique ». On fit courir des bruits d'empoisonnement. Cabanis se refusant au fâcheux compromis d'une réponse directe, publia, quelque temps après, le *Journal de la maladie et de la mort de Mirabeau* (Paris, 1791).

Sur son observation, d'une rare sagacité — ou plus justement près d'elle — est venue se greffer une opinion admise sans conteste sur la foi d'un auteur d'ordinaire mieux informé; solution d'ailleurs en contradiction flagrante avec les résultats de l'autopsie — ce contrôle irrécusable du diagnostic souvent douteux.

Nous sommes donc en présence de trois versions sur la mort de Mirabeau :

1° La version populaire concluant à l'ingestion d'un toxique étranger ou non à la thérapeutique usuelle ;

2° La version des témoins oculaires Cabanis, Petit, Vicq d'Azyr, dûment accréditée par la haute valeur morale et scientifique de pareils déposants et corroborée par les données de la constatation posthume : « L'issue fatale aurait été déterminée par une affection *rhumatismale, goutteuse*, vague du diaphragme ? et du cœur ; »

3° La version médicale actuelle, née d'une simple annotation de Bouillaud, à son *Traité des maladies du cœur*, et incriminant une pleuro-péricardite (inflammation de la plèvre et du péricarde).

Il n'est peut-être pas sans intérêt de démêler la part de vérité contenue dans chacune d'elles.

I

La version populaire ne nous arrêtera point ; les historiens en ont dès longtemps épuisé les sources aisément tarissables par l'examen de deux preuves incertaines :

D'abord, la prétendue conversation de Cabanis, Vicq d'Azyr et de Champion de Cicé, l'ex-garde des sceaux [1] ;

Ensuite l'entretien des mêmes avec Lucas de Montigny, fils adoptif du tribun.

---

[1] Le premier disant : que les médecins et chirurgiens n'avaient conclu à une mort naturelle que parce qu'il s'agissait dans ce moment d'empêcher les aristocrates d'être exterminés par le peuple.

Le second que : d'après l'état des intestins la mort pourrait avoir été occasionnée par les préparations violentes, comme par le poison.

Témoignages qu'on peut ramener à cette forme unique : « Le fait du poison n'est point prouvé, mais le contraire ne l'est pas non plus. »

Aussi bien la vraisemblance extrême de la relation de Cabanis, et le parfait accord de sa description clinique avec les antécédents morbides de l'illustre patient feraient prompte justice de semblables propos, encore qu'ils eussent été proférés.

II

« Le corps de Mirabeau fut ouvert le dimanche 3 avril 1791, lendemain de sa mort, à midi, en présence d'un nombre considérable de médecins et chirurgiens. L'estomac, *le duodenum*, *le foie*, le rein *droit*, le diaphragme et le péricarde offraient des traces d'inflammation ou plutôt, à mon avis, de *congestion sanguine*. Le péricarde contenait une quantité considérable *d'une matière épaisse jaunâtre, opaque*; *des coagulations lymphatiques* recouvraient toute la surface extérieure du cœur, à l'exception de sa pointe. La *cavité de la poitrine* contenait une *petite* quantité d'eau.

Certainement l'état du cœur et l'épanchement dans lequel nageait cet organe peuvent être regardés comme mortels. Mais, ainsi que Lachèze, je crois que la mort a été déterminée immédiatement par l'affection du diaphragme et *j'attribue toujours cette affection ainsi que celle du cœur à l'humeur rhumatismale, goutteuse, vague que nous en avions, dès le début, regardée comme la cause.* » (Cabanis, *Journal de la maladie*, pages 71 et 72.)

Le sang de Mirabeau fut de bonne heure infecté par

cette « humeur goutteuse », à laquelle déjà le marquis, son père, devait un asthme. Le comte Gabriel, durant son emprisonnement au donjon de Vincennes (1779), est *malade de la pierre et sujet à d'effrayantes hémorrhagies*.

On sait quelle funeste parenté contractent chez le même individu ou dans sa descendance, ces entités morbides : rhumatisme, goutte, calculs biliaires et rénaux, pierre, asthme, certains troubles oculaires, certaines modifications de la peau,... etc.

Des accidents qu'il convient de rapporter à une cause identique vont désormais en s'aggravant et se rapprochant former jusqu'au dernier jour un enchaînement d'une évidente continuité.

Lorsque l'Assemblée Nationale ouvrit ses portes (17 juin 1789), Mirabeau atteint *d'ictère* (jaunisse) avait éprouvé quelque temps *avant* le frisson de longs accès de fièvre et une violente colique [2] (« au niveau de la grande courbure du colon [3] »), phénomènes dont la réunion semblait indiquer, dans l'espèce [4], par le spasme, puis l'occlusion des voies naturelles de la bile et son passage anormal à travers les vaisseaux sanguins : la migration des concrétions hépatiques.

Trois époques différentes : octobre 1790, février et mars de l'année suivante, virent le retour d'un semblable accident (*colique* violente et passagère, *nettement localisée*, toujours *suivie d'état bilieux* notoire).

---

[1] Sans doute, consécutivement, à une descente de calcul rénal dans la vessie.

[2] Cabanis écrit « colique », terme transmis évidemment avec son sens intégral.

[3] Entre les régions épigastrique et ombilicale.

[4] Chez un goutteux ou arthritique.

Les organes de la respiration et de la circulation témoignaient avec surabondance de leur parfaite intégrité par un jeu large et puissant. Alors seulement apparaissent (*fév.* 1791) : oppression et crispations diaphragmatiques (?), malaises de l'orifice supérieur de l'estomac [1], angoisses précordiales, joints à la manifestation permanente et plus discrète d'un état *rhumatoïde* vague qui s'exaspérait cependant jusqu'à *l'engorgement momentané des jambes* [2] et l'ophthalmie? à répétition.

Nous pénétrons aux crises prochaines dans ce domaine mal délimité par des symptômes variables, et où peuvent régner indivisément la péricardite, la pleurésie diaphragmatique [3] et la lithiase [4] biliaire.

L'hypothèse d'une pleurésie diaphragmatique paraît infirmée de prime abord par sa contradiction flagrante avec les conclusions de l'autopsie. Sans doute cette affection s'accompagne d'irradiations douloureuses, dans le moignon de l'épaule, au-dessus de la clavicule; en arrière de l'omoplate et d'un appareil fort *modeste* d'indices gastro-intestinaux, phénomènes que nous verrons éclater avec une effroyable intensité, mais il eut été loisible en pareil cas de constater après la mort un épanchement abondant de sérosité dans une *seule cavité pleurale* ou tout ou moins *l'exsudat fibrineux si bien décrit par Cabanis* sur la face interne du péricarde.

D'ailleurs la durée de la maladie, ses intermittences pendant lesquelles le patient est ramené à la santé rela-

---

[1] On sait que de prétendues crampes d'estomac sont souvent des ébauches de coliques hépatiques.

[2] Œdème rhumatismal.

[3] Inflammation de la plèvre diaphragmatique.

[4] Formation de calculs.

tive [1], l'origine naturelle que trouvent les accès morbides dans cette vie que remplit tout entière la débauche de table et l'excès de travail, le tempérament héréditaire ou acquis du comte de Mirabeau sont autant de motifs probants en faveur d'une affection rhumatismale ou goutteuse.

Avant d'aller plus loin, esquissons à grands traits l'histoire de la lithiase biliaire et de la péricardite. Nous laisserons de côté pour la seconde les symptômes fournis par l'auscultation, puisque ce mode d'investigation, pratiqué depuis 1628, il est vrai, sur le cœur et les muscles (Harvey 1628, Grimaldi 1663), ne fut utilement réglementé qu'en 1816 (Laënnec). Encore Sénac (1749) venait-il seulement d'ébaucher l'étude clinique d'une maladie qu'il appartenait à Louis (1824, 1826, 1830) de caractériser avec précision.

Exceptionnellement primitive, la péricardite reconnaît pour « *cause dominante* » : la diathèse *rhumatismale* et s'associe « *dans quelques cas* » à la pleurésie. Il se forme autour du cœur un épanchement qui, par ses progrès incessants, provoque une dyspnée [2] croissante et cette compression des oreillettes qu'accusent la petitesse, l'irrégularité, l'intermittence du pouls. Rarement éclate une douleur vive, accompagnée de refroidissement et de syncope, *circonscrite dans la portion gauche du thorax*, comme la souffrance de l'angine de poitrine, dont elle emprunte les inexprimables angoisses (Dieulafoy).

La lithiase hépatique (connue depuis le XVIᵉ siècle),

---

[1] Les discours sur l'affaire des mines furent prononcés entre deux crises, celles du 26 et du 28. — Mirabeau prit cinq fois possession de la tribune et toujours avec la même éloquence.

[2] Gêne de la respiration.

se révèle par la migration des calculs. Leur présence dans les voies biliaires y détermine un spasme *intolérable*, suivi ou non d'ictère [1]. Cette douleur, dont l'intensité même et le siège forment l'élément capital d'un diagnostic absolu occupe la *moitié droite* de l'épigastre et s'irradie du même côté, vers les parties supérieures du tronc (Maurice Reynaud et Dieulafoy).

Il est aisé de comprendre l'importance qui s'attache dans la seconde forme à certains troubles des fonctions digestives : la première ne les admettant qu'en vertu d'un mouvement fébrile auquel ils se lient d'ordinaire.

Ces principes établis, nous départirons aisément à l'une ou l'autre de ces deux affections (il sera loisible à tous de le faire avec nous) parmi des symptômes non équivoques et dont nous rendrons l'expression nettement apparente, ceux qui lui appartiennent en propre.

« Dans la nuit du samedi 26 au dimanche 27 mars 1791, » date qui précède de deux jours celle de sa mort, « Mirabeau fut attaqué d'une nouvelle *colique* moins douloureuse peut-être que les précédentes, mais *compliquée d'angoisses inexprimables*. Le lendemain, l'affaire des mines se discutait à l'Assemblée. Il y vint et parla à cinq reprises, toujours avec la même éloquence : c'était le chant du cygne. » (*Journal,* pp. 23 et 24.) (*Colique hépatique.*)

« Le lundi 28, vers onze heures du soir, *la douleur s'était réveillée,* sans pourtant être devenue insupportable. Elle paraissait même vouloir se dissiper, quand, tout à coup, abandonnant *la grande courbure de l'intestin colon qu'elle avait occupée dans tous les accès*

[1] Passage anormal de la bile dans les vaisseaux sanguins.

et durant toutes leurs phases, elle se porte avec violence sur l'os sternum qui recouvre la partie antérieure de la poitrine. Mais, loin d'y rester fixe, elle parcourt toutes les dépendances de cette cavité : diaphragme, région précordiale, médiastin, mamelles, clavicules. Partout elle cause l'impression d'une griffe de fer qui serrait des parties sensibles avec force. Les anxiétés étaient très grandes : le malade qui se trouvait à la *Comédie-Italienne* eut beaucoup de peine à descendre de sa loge. Il se traîna chez lui non sans d'horribles souffrances et de violents frissons. Je le trouvai prêt à suffoquer, respirant avec la plus grande peine, le visage gonflé, le pouls intermittent et convulsif, les extrémités froides. » (*Journal*, pages 34 et 35.) (*Complications de péricardite.*)

« Mercredi 30, le jour commençait à poindre, lorsque je trouvai le pouls plus vite et plus élevé : la *bouche pâteuse et un peu amère*. Tout à coup, les *spasmes* se réveillent à la poitrine ; ils se jettent tour à tour sur l'omoplate *droite*, la clavicule et le diaphragme ; le pouls redevient intermittent, mais je ne vois pas trace de fièvre [1]. Bientôt (grâce à une médication révulsive), les spasmes étaient affaiblis. *Alors* il se développe un *état bilieux manifeste, le teint jaunit,* la langue se charge, et les rapports de bile ne laissent point de doute sur la présence de cette humeur dans l'estomac. — Les douleurs se dissipent presque totalement par l'effet d'un doux évacuant (sel de Sedlitz) ; *chaque déjection semblait en emporter une partie.* » (*Colique hépatique manifeste.*)

---

[1] Ceci est très conciliable avec la lithiase (colique apyrétique). — La péricardite n'admet de troubles gastro-intestinaux qu'avec mouvement fébrile.

« Le jeudi (après un mieux tel qu'il s'en était pro-
duit entre les crises précédentes), le pouls reprenait par
degrés le même caractère que dans l'accès du lundi au
mardi, les douleurs, les étouffements, les spasmes com-
mençaient à déployer la même férocité... »

(Crise de péricardite.)

Dès lors la compression du cœur par l'épanchement
dans lequel nageait cet organe allait enlever à la circulation du sang un indispensable ressort...

« En réfléchissant sur la maladie, » écrit Cabanis,
(*Journal*, page 53), « je trouvais qu'il y avait eu un
grand accès dans la nuit du samedi au dimanche, un
second dans celle du lundi au mardi, un troisième dans
celle du mercredi au jeudi. Cette *périodicité si marquée*
me fit soupçonner une fièvre intermittente maligne, *cachée*
sous des apparences *humorales* et *spasmodiques*. Je
communiquai ma conjecture à M. Petit : il la trouva
fondée. »

En dehors de ces troubles dyspnéiques dont l'histoire
de la péricardite fournit une explication légitime et
suffisante, il convenait en effet de mettre au grand jour,
une série de symptômes incriminant (chez un *goutteux
ou arthritique*, porteur d'un *épanchement péricardiaque*
et de *fluxions momentanées des jambes*) : une *affection
chronique* (1789 à 1791). Le malade était sujet d'ailleurs
au retour de *crises intermittentes* parvenant générale-
ment à *la suite d'excès de table* et qui pouvaient porter
la dénomination précise de « *coliques* ». Ce spasme, *loca-
lisé* au *niveau de la grande courbure du colon* [1], suivi

---

[1] Qu'il n'avait cessé d'occuper dans tous les accès et durant toutes
leurs phases. (Cabanis, page 33, *Journal.*)

ou non *d'ictère* (mais toujours *d'état bilieux notoire*), s'irradiait parfois vers l'omoplate droite, la clavicule, le diaphragme.

Nous croyons sans hésiter qu'en présence d'un pareil cas, le diagnostic du praticien moderne serait : Péricardite d'origine rhumatismale et lithiase biliaire.

Cette opinion semble, au reste, la traduction fidèle du jugement intuitif de Cabanis, Lachèze, Petit :

« J'attribue l'affection du diaphragme (?) et celle du cœur à l'humeur *rhumatismale goutteuse*, vague que nous en avions, dès le début, regardée comme la cause. »

III

« Un illustre orateur, Mirabeau, éprouva, » dit Bouillaud (*Traité des maladies du cœur*, page 511), « dans toute son atrocité l'horrible supplice de la péricardite telle que nous la décrivons, et l'on sait qu'il insistait près de Cabanis, son médecin, pour obtenir de celui-ci la fin de son martyre au moyen de fortes doses d'opium. Il ne faut pas oublier que la péricardite se compliquait chez lui, d'une VIOLENTE *pleurésie*. »

Beaucoup d'auteurs, sans plus d'examen critique [1], se sont emparés d'une hypothèse gratuite qui ne résiste pas à la relation de l'autopsie.

Cabanis décrit avec netteté les coagulations (matière épaisse, jaunâtre, opaque) de la face extérieure du cœur. Eût-il omis l'exsudation, l'épanchement intrapleural que

---

[1] Entre autres, Maurice Reynaud, art. *Péricardite* du *Nouveau Dict. de Médecine et de Chirurgie.*

suppose une « *violente* » inflammation de la séreuse ? Cette *petite* quantité d'eau contenue dans *la cavité de la poitrine* n'est-elle point d'ailleurs l'infiltration lymphatique qui suit la mort ?

Après l'examen minutieux des autres organes, estomac, duodenum, foie, rein, etc., que ne nomme-t-il le poumon pour lui étendre le bénéfice de la *congestion* sanguine ?

Elle ne laisse pas d'être étrange, cette *violente* pleurésie dont les manifestations se dérobent au scalpel lui-même.

Avons-nous besoin d'insister maintenant sur l'invraisemblance d'une maladie dont nous ne découvrons nulle part le début *sui generis*, à laquelle manquent tous les symptômes typiques (si bien qu'on est allé choisir parmi les variétés cliniques de pleurésie cette forme quasi latente la diaphragmatique), et que compliqueraient ici des troubles gastro-intestinaux *très exceptionnellement* liés (Dieulafoy) à l'inflammation de la séreuse pulmonaire ?

Bien des déboires attendent le médecin s'il se laisse entraîner au mépris de cette règle élémentaire : « Ne diagnostiquez jamais l'exception » (Nélaton) [1].

Henry DUCHENNE,

MÉDECIN [2].

---

[1] Extrait d'un ouvrage en préparation, intitulé : *Un philosophe médecin au* VIIIe *siècle.* (P. J. G. Cabanis.)

[2] Tel était le seul titre dont se réclamât Cabanis.

Tours, imp. Deslis Frères, rue Gambetta, 6.

66